元伊勢巡幸倭姫命世紀20XX

林 佐多哲

Sadaaki Hayashi

文芸社

目次

天照大神／伊勢遷座ルート

（出発）

Ⅰ　笠縫邑《かさぬいのむら》（三輪御諸宮《みわごしょぐう》　檜原《ひばら》神社）　―　桜井市三輪町

《崇神56年》

Ⅱ　吉佐宮《よさみや》

Ⅲ　伊豆加志本宮《いずかしもとみや》

Ⅳ　奈久佐浜宮《なぐさのはまのみや》

Ⅴ　名方浜宮《なかたのはまのみや》

Ⅳ　御室乃嶺上宮《おむろのみねのうえのみや》

（奈良県）

①阿紀神社《あきじんじゃ》（宇陀阿貴宮《うたのあきのみや》）　―　大宇陀町迫間《4年滞在》

《崇神60年》

―祭神・天照大神《あまてらすおおみかみ》（神戸大明神）

「延暦儀式帖《えんりゃくぎしきちょう》」に記される。

②篠畑《ささはた》神社（佐佐波多宮《ささはたのみや》）　―　榛原町山辺三《3ヶ月滞在》
《崇神63年》
―祭神・天照大神
（三重県）
③蛭子《えびす》神社（隠市守宮《なばりのいちもりのみや》）　―　名張市鍛冶町《2年滞在》
《崇神64年》
―祭神・天照大神
④神戸神社《かんべじんじゃ》（穴穂宮《あなほのみや》）　―　伊賀市神戸《4年滞在》
《崇神66年1月》
―祭神・大日霊貴命《おおひるめむちのみこと》（天照大神の別名）
皇大神宮御鎮座の古墳として紹介。
⑤敢都美恵《かつみえ》神社（阿閉柘植宮《あへつみえ》）　―　伊賀市上柘植《2年滞在》
《垂仁2年5月》

―祭神・天照大神

（滋賀県）

⑥日雲神社《ひぐもじんじゃ》（甲可日雲宮《こうかひくものみや》）―（信楽町牧）《4年滞在》

《垂仁4年6月30日》

―祭神・天御中主神《あめのみなかぬしのかみ》

⑦坂田神明宮《さかたしんめいぐう》（坂田宮《さかたのみや》）―米原市宇賀町《2年滞在》

《垂仁8年7月7日》

―祭神・天照大神、豊受毘賣命《とようけひめのみこと》

（岐阜県）

⑧天神神社《てんじんじんじゃ》（伊久良河宮《いくらがわのみや》）―瑞穂市居倉《4年滞在》

《垂仁10年8月1日》

―祭神・高皇産霊神《たかみむすびのかみ》、神御産霊神《かみむすびのかみ》

（愛知県）

⑨酒見神社《さかみじんじゃ》（吹抜きの宮）　—　一宮市今伊勢町本神戸《1年滞在》
《垂仁14年6月1日》
—祭神・天照大神、倭姫命、酒弥豆男命《さかみづおのみこと》、酒弥豆女命《さかみづめのみこと》
⑩八剣神社《やつるぎじんじゃ》（中島宮《なかじまのみや》）　—　一宮市萩原町中島《3ヶ月滞在》
《垂仁14年6月1日》
＊酒見神社《さかみじんじゃ》が中島宮《なかじまぐう》とする説もある。
（三重県）
⑪野志里神社《のじりじんじゃ》（野代宮《のしろぐう》）　—　多度町下野代「倭姫命世紀」によると4年
滞在。
《垂仁14年9月頃》
—祭神・大鹿島命《おおかしまのみこと》、倭姫命
⑫鵜川原神社《うかわのはらじんじゃ》（御厨神明宮《ごずしんめいぐう》）　—　菰野町《こものちょう》大強原《おおごはら》「御在所山頓宮」へ向か
う時の頓宮と思われる。

《垂仁18年6月14日》
—祭神・天照大神
＊御在所山頓宮　—　菰野町《こものちょう》菰野《こもの》
《垂仁18年7月頃》
—祭神・天照大神
御在所山の名前の由来にもなった。
＊椿大神社《つばきおおかみやしろ》　—　鈴鹿市山本町《数日立ち寄る》
《垂仁18年8月頃》
—祭神・猿田彦命《さるたのひこのみこと》、天之宇受女命《あめのうずめのみこと》
垂仁27年8月に倭姫命の御神託により瓊々杵命《ににぎのみこと》の社殿を造営。
⑬忍山神社《おとやまじんじゃ》（鈴鹿小山宮《すずかおやまのみや》）　—　亀山市野村《半年滞在》
《垂仁18年8月頃》
—祭神・猿田彦命、天照大神

⑭加良比乃神社《からひのじんじゃ》（藤方片樋宮《ふじかたのかたおけのみや》）―　津市藤方《4年滞在》
《垂仁19年3月頃》
―祭神・御倉板挙神《みくらいたあげのかみ》、天照大神
⑮神山神社《こうやまじんじゃ》（飯野高宮《いいのたかみや》）―　松阪市山添《やまぞえ》《4年滞在》
《垂仁22年3月頃》
―祭神・猿田彦命、天之宇受女命
山添大明神、白髭大明神、鑰取明神《かぎとりみょうじん》とも言われる。
＊篠々夫江神社《ささぶえじんじゃ》（佐佐牟江宮《ささむえのみや》）―　明和町山大淀
《垂仁25年2月頃》
⑯磯神社《いそじんじゃ》（伊蘇宮《いそみや》）―　伊勢市磯町《最終地》
《垂仁25年3月》
―祭神・天照大神、豊受毘売神、木花佐久夜毘売神《このはなさくやひめのかみ》

（到着）▼
伊勢神宮

《垂仁25年》

Ⅰ　瀧原宮《たきはらのみや》
Ⅱ　久求小野宮《くくおのみや》
Ⅲ　矢田宮《やたのみや》
Ⅳ　家田田上宮《やたのたのうえのみや》
Ⅴ　奈尾之根宮《なおこれねみや》
Ⅳ　折久志呂五十鈴宮《おりくしろいすずみや》
Ⅶ　伊雑宮《いざつのみや》

〔天照大神・遷座ルート宮間距離表〕

宮　　名	区間距離 km	距離計 km	宮　　名	区間距離 km	距離計 km
笠縫邑			伊勢内宮		
	13			8	
宇陀阿貴宮		13	伊蘇宮		8
	11			9	
篠畑宮		24	佐佐牟江宮		17
	13			9	
市守宮		37	飯野高宮		26
	12			20	
穴穂宮		49	藤方片樋宮		46
	23			24	
阿閉柘殖宮		72	鈴鹿小山宮		70
	28			25	
日雲宮		100	御厨神明宮		95
	53			24	
坂田宮		153	野代宮		119
	29			26	
大垣・青墓		182	中嶋宮		145
	8			29	
伊久良河宮		190	伊久良河宮		174

＊表から推察される事は、距離的な中間点は大垣市青墓町あたりであると推定される。

元伊勢巡幸倭姫命世紀２０ＸＸ

1. 阿紀《あき》神社（奈良県大宇陀町迫間）

第十代崇神《すじん》天皇六十年に、第十一代垂仁《すいにん》天皇の皇女、倭姫命《やまとひめのみこと》を天照大《あまてらすおお》神《みかみ》の御杖代《みつえしろ》として皇太神《こうたいしん》に相応しい新たな鎮座の地を求めて、「御室乃嶺上《みむろのうえのみねの》宮《みや》」を出られこの地へ御遷座なされました。その際に、「宇多秋宮《うたのあきみや》」を造営なされ四ヶ年この地に滞在なされました。その後、伊賀の隠（なばり）に巡幸された後に、天照大神を祭神として御遷座の地として「宇陀阿貴宮《うたのあきのみや》」を造営なされました。

2. 篠畑《ささはた》神社（奈良県榛原町山辺三）

第十代崇神《すじん》天皇六十三年に、第十一代垂仁《すいにん》天皇の皇女・倭姫命《やまとひめのみこと》を御杖代《みつえしろ》として天照皇大神《あまてらすおおみかみ》に相応しい遷座の地を求めて宇陀阿貴宮《うたのあきのみや》を出発なされ、この地に御遷幸《ごせんこう》され、伊賀の隠（なばり）に巡幸されるまでの三ヶ月程滞在なされました後、伊賀の隠では、天照大神を祭神として御遷座の地として「佐《さ》波多宮《はたのみや》」を造営なされました。なお、神社南西へ二百メートル程の所に、倭姫命と豊鍬入姫命《とよすきいりひめのみこと》を祀る、摂社「葛神社《くずじんじゃ》」があります。

3．蛭子《えびす》神社（三重県名張市鍛冶町）

第十代崇神《すじん》天皇六十四年に、第十一代垂仁《すいにん》天皇の皇女・倭姫命《やまとひめのみこと》を御杖代《みつえしろ》として天照大神に相応しい遷座の地を求めて佐佐波多宮《ささはたのみや》を出発なされ、この地に御遷幸され、伊賀の神戸（かんべ）に巡幸されるまでの二ヶ年程滞在なされました後、天照大神を祭神として御遷座の地として「隠市守宮《なばりのいちもりのみや》」を造営なされました。

4. 神戸《かんべ》神社（三重県伊賀市上神戸）

倭姫命世紀《やまとひめのみことせいき》によれば、第十代崇神《すじん》天皇六十六年一月に、倭姫命は天照大神を戴き御杖代《みつえしろ》となられ、笠縫邑《かさぬいのむら》より大和から伊賀に入られこの地の「穴穂宮《あなほのみや》」に御鎮座《ごちんざ》になられました。

倭姫命は暗崎川（現在の木津川）の岩鼻という所で、鮎を取り朝神饌、夕神饌に大神様に供進されていました。

その後、四年間滞在され第十一代垂仁《すいにん》天皇二年五月に伊賀の敢都美恵神社《かつみえじんじゃ》へ遷られました。

祭神は大日霊貴命《おおひるめむちのみこと》（天照大神の別名）、倭姫命《やまとひめのみこと》、天児屋根命《あめのこやねのみこと》、天太玉命《あめのふとだまのみこと》、栲機千千姫命《たくはたちぢひめのみこと》他十四柱。

5．敢都美恵《かつみえ》神社（三重県伊賀市上柘植）

　第十一代垂仁《すいにん》天皇二年五月に、第十一代垂仁天皇の皇女・倭姫命《やまとひめのみこと》を御杖《みつえ》代《しろ》として天照皇大神に相応しい遷座の地を求めて穴穂宮《あなほのみや》を出発なされ、この地に御遷幸され、近江の信楽《しがらき》（甲賀・日雲宮《ひぐものみや》）に巡幸されるまでの二ヶ年程滞在なされました後、天照大神を祭神として御遷座の地として「阿閉《あへ》柘植《つみえ》の宮《みや》」を造営なされました。

6. 日雲《ひぐも》神社（滋賀県信楽《しがらき》町牧）

主祭神は、天御中主神《あめのみなかぬしのかみ》である。

その他の祭神は、八幡神社、春日神社、西宮神社、厳島神社、鹿島神社である。

「倭姫命世紀《やまとひめのみことせいき》」によると、第十一代垂仁《すいにん》天皇四年六月三十日に、倭姫命は天照大神の御杖代《みつえしろ》として、遷座の地を求め伊賀より近江に入られ、甲賀の日雲宮に四ヶ年滞在されたとあります。これが、日雲神社のことで、この地の字名が上野であることから、中世より上野山王社とも称されました。

さらに、この地域の牧、宮町、黄瀬の3ヶ村の氏神としても村人に深く崇敬を受け、神社背後の宮町を三郷山《みさとやま》と呼んでいました。

料金受取人払郵便

新宿局承認

7552

差出有効期間
2024年1月
31日まで
(切手不要)

郵便はがき

1 6 0-8 7 9 1

1 4 1

東京都新宿区新宿1－10－1

(株)文芸社

愛読者カード係 行

ふりがな お名前		明治 大正 昭和 平成	年生 歳
ふりがな ご住所	□□□-□□□□		性別 男・女
お電話 番 号	(書籍ご注文の際に必要です)	ご職業	
E-mail			

ご購読雑誌(複数可)	ご購読新聞 新聞

最近読んでおもしろかった本や今後、とりあげてほしいテーマをお教えください。

ご自分の研究成果や経験、お考え等を出版してみたいというお気持ちはありますか。

ある　　ない　　内容・テーマ(　　　　　　　　　　)

現在完成した作品をお持ちですか。

ある　　ない　　ジャンル・原稿量(　　　　　　　　　　)

書　名				
お買上 書　店	都道 府県	市区 郡	書店名	書店
			ご購入日	年　　月　　日

本書をどこでお知りになりましたか?

1.書店店頭　2.知人にすすめられて　3.インターネット(サイト名　　　　　　　)

4.DMハガキ　5.広告、記事を見て(新聞、雑誌名　　　　　　　)

上の質問に関連して、ご購入の決め手となったのは?

1.タイトル　2.著者　3.内容　4.カバーデザイン　5.帯

その他ご自由にお書きください。

(　　　　　　　　　　　　　　　　　　　　　　)

本書についてのご意見、ご感想をお聞かせください。

①内容について

②カバー、タイトル、帯について

弊社Webサイトからもご意見、ご感想をお寄せいただけます。

ご協力ありがとうございました。

※お寄せいただいたご意見、ご感想は新聞広告等で匿名にて使わせていただくことがあります。

※お客様の個人情報は、小社からの連絡のみに使用します。社外に提供することは一切ありません。

■書籍のご注文は、お近くの書店または、ブックサービス(0120-29-9625)、セブンネットショッピング(http://7net.omni7.jp/)にお申し込み下さい。

後に、中世以降の神仏習合の影響を受け、天徳寺と言う別当寺が建てられましたが、明治初期の神仏分離により廃されました。

7. 坂田神明宮《さかたしんめいぐう》（滋賀県米原市宇賀野《うがの》）

第十一代垂仁《すいにん》天皇の御代に、皇女・倭姫命《やまとひめのみこと》は天照大神の御杖代《みつえしろ》として、大御神の鎮座地を探し求めて、大和から伊賀を経て甲賀の日雲宮《ひぐものみや》に宮処を定められ、次いでこの地へ垂仁天皇八年七月七日に来られたとされています。

その後、二年間御鎮座され垂仁天皇十年七月の終わりに、ここを出発され美濃、尾張、伊勢へと向われ、垂仁天皇二十六年に五十鈴川上の現在の地に御鎮座なされました。

二年間この地に大御神が奉斎されたことを永く記すために、宮所とされた御神殿をそのままに「坂田宮《さかたのみや》」と呼ばれました。

御祭神は、天照大神・豊受毘賣命《とようけひめのみこと》。

8．天神《てんじん》神社（岐阜県瑞穂市居倉）

第十一代垂仁《すいにん》天皇十年八月一日に、皇女・倭姫命《やまとひめのみこと》は天照大神の御杖代《みつえしろ》として、大神が鎮座されるのにふさわしい地を求めて、大和から近江を経て美濃の国のこの地まで来られ、垂仁天皇十四年迄の間御鎮座されました。そのことが、日本書紀・延暦儀式帳・倭姫命世紀に記されている「伊久良河宮《いくらがわのみや》」のことであります。

この伊久良河宮《いくらがわのみや》跡とされる居倉の天神神社の境内には、古代の祭祀遺跡で神が宿る石という意味の御船代石《みふなしろいし》が祀られており、古図にはこの石の前にも拝殿がありました。またそこでは、神獣文鏡《しんじゅうもんきょう》などの祭祀遺物なども出土しています。

さらに、明治以前においては、居倉の天神神社は「伊久良河宮《いくらがわのみや》　天神宮《てんじんぐう》」と呼ばれていました。

御祭神は、高皇産霊神《たかみむすびのかみ》・神御産霊神《かみむすびのかみ》で皇大神《こうたいしん》が伊勢に御遷幸《ごせんこう》された後に御旧跡に天神御二柱として祀られたので、社号を「天津神神社」とされました。また、御船代石の北側に神明神社、西側に倭姫命神社が祀られています。

＊富有柿《ふゆうがき》発祥の地……　明治期に原産地名にちなんだ居倉御所《いくらごしょ》という品種の甘柿が栽培されており、その柿を福嶌才治（ふくしまさいじ）によって改良され新しい品種の柿が生み出され「富有」と名付けられました。

9. 酒見《さかみ》神社（愛知県一宮市今伊勢町本神戸字宮山）

第十一代垂仁《すいにん》天皇十四年六月一日、天照大神の御杖代《みつえしろ》として、この地に渡来された倭姫命《やまとひめのみこと》にたいして、村民は社を建設して迎え入れたのが、酒見神社の始まりとされています。また、倭姫命十五番目の御聖跡として、「吹抜きの宮」とも呼ばれていました。

それから後、第五十五代文徳《もんとく》天皇の斎衡三年（八五六年）九月この地域は上質のお米が取れるため、当時遣唐使であったともされる大邑刀自《おおむらとじ》・小邑刀自《こむらとじ》の二人が、酒造師として皇太神宮より大酒甕《かめ》を二つ当宮山に遣わされ、伊勢の翌年の祭りに供える酒を造られたと「文徳録《ぶんとくろく》」にあります。なお、当時濁酒は何処でも造られていたが、清酒の醸造においては、酒見神社が元祖であるとされています。

さらに後、第七十一代後三条天皇の延久元年（一〇六九年）、伊勢内宮より式典に詳しい神宮神社の伊勢守吉明《いせのもりよしあけ》に神宮神主と本神戸神主を兼任することで二百石を与え、本神戸、新神戸、新加神戸、馬寄を合わせて「今伊勢《いまいせ》の庄」の名を賜りました。

祭神は、天照大神、倭姫命、酒弥豆男命《さかみづおのみこと》、酒弥豆女命《さかみづめのみこと》。

10．八剣《やつるぎ》神社（愛知県一宮市萩原町中島字丸宮）

第十一代垂仁《すいにん》天皇の十四年六月一日に、皇女・倭姫命《やまとひめのみこと》は天照大神の御杖代《みつえしろ》として、美濃の国「伊久良河宮《いくらがわのみや》」から尾張の国「中島宮《なかじまのみや》」に到着され、三ヶ月間滞在の後伊勢の国「野代宮《のしろぐう》」に向われた時の「中島宮」が、この八剣神社の事です。

以前より「中島宮」の位置については二つの説があり、この八剣神社と同市今伊勢町の「酒見神社」で、「尾張国地名考」の中島村の項に『天照大神、倭姫命の中島宮の古跡は此村にあるべく思われているが、いま詳には指すところしらず』とあり、同附言には、『長隆寺の西に丸宮というあり、是はむかし天照大神の行宮（かりみや）の旧地なり』ともあり、萩原町中島に「中島宮」が存在した可能性は十分あると考えられます。

＊長隆寺……　八剣神社の東隣にあり、その創建は平安時代と伝えられています。

御本尊は木造阿弥陀如来坐像（高さ百五十センチメートル）で、上品下生の来迎印を結び、両脇に木造観世音菩薩立像（右側・高さ百八十センチメートル）と木造勢至菩薩立像（左側・高さ百八十センチメートル）を配しています。

本尊は平成元年・二年に、両脇侍は平成三年に保存修理を行い、その時両脇侍から元亨三年（一三二三年）の制作銘が発見されました。

11. 野志里《のじり》神社（三重県多度《たど》町下野代《のしろ》）

「倭姫命世紀《やまとひめのみことせいき》」によると、第十一代垂仁《すいにん》天皇は、皇女・倭姫命を御杖代《みつえしろ》と定められ、天照大神の御神霊《ごしんれい》と御神爾《ごしんじ》をお持ちになり、新たな鎮座の地を求めて、大和の笠縫邑《かさぬいのむら》を離れられました。

その後、伊賀、近江、美濃、尾張などの地を御巡幸され、この伊勢の国野代の里に御遷幸され四ヶ年鎮座されたと伝えられています。

その旧跡「野代宮」が、この野志里神社だと言われています。

現在の祭神は、大鹿島命《おおかしまのみこと》、倭姫命。

12．鵜川原《うかわのはら》神社（三重県菰野《こもの》町大強原《おおごはら》）

「御厨神明宮《こずしんめいぐう》」と称し、往古に大強原の宮瀬古《みやせこ》に鎮座していたのを、明暦二年（一六五六年）二月に現在の地に奉遷《ほうせん》しました。その折は、大強原神社《おおごはらじんじゃ》と称しています。

宮瀬古の旧跡は、第十一代垂仁《すいにん》天皇十八年六月十四日に倭姫命《やまとひめのみこと》が皇大神宮の鎮座地を求めて、桑名の「野代宮《のしろのみや》」より亀山の忍山《おとやま》に遷幸された際の頓宮跡と伝え崇敬し奉る杜です。

主祭神は、天照大神で明治期に諏訪・川北・下村・池底地区の諸社を合祀し、その中に日本武尊もあります。

＊御在所山《ございしょやま》の名の由来　――　三重県菰野町

〝神仏のおわすところ〟の謂れがあり、御斎所、五在所、五祭所、御山所の字を当てている所があります。菰野に伝わる話では、垂仁天皇の皇女倭姫命が天照大神の神霊を大和の笠縫の宮から、伊勢の五十鈴川のほとりにお遷しするときに、その鎮座地を求めて伊賀、近江、美濃の国を、桑名の野代から北伊勢を亀山へ向われるとき、この山の上に仮の屯宮を設けられたことから、御在所と呼ばれるようになったといわれています。

なお、御在所と同名の山は、高知県に三つ、愛媛県に二つ、鹿児島県・岩手県・福島県に一つずつありますが、この地の御在所山が標高は一番高く有名です。

13．忍山《おとやま》神社（三重県亀山市野村）

第十一代垂仁《すいにん》天皇の御代、倭姫命《やまとひめのみこと》は天照大神の御杖代《みつえしろ》として遷座の地を求めて、尾張から伊勢の野代宮《のしろぐう》を発ち宮瀬古を経て、この地に遷幸され神宮を造営になられました。ここで半年御鎮座になられ、その後さらに南へ向われたとのことです。また、この地は「鈴鹿小山宮《すずかおやまのみや》」とも呼ばれていました。

主祭神は、猿田彦命、天照大神。

その他の祭神は、天児屋根命《あめのこやねのみこと》、天布刀王命《あめのふとたまのみこと》、素戔嗚命《すさのおのみこと》（天王社《てんのうしゃ》）、大穴牟遅命《おおなむちのみこと》（和賀神）。

14. 加良比乃《からひの》神社（三重県津市藤方）

第十一代垂仁《すいにん》天皇は、皇女・倭姫命《やまとひめのみこと》を御杖代《みつえしろ》として、天照大神の新たな鎮座の地を求めて、亀山を出られこの地へ御遷座なされました。

その折、宮中においては水利が不便なため桶《おけ》を以って解決なされた故に、「片桶宮《かたおけのみや》」と称されました。そして、四ヶ年（三年間）を経て南の地へ御遷座なされました。

その宮跡に御倉板挙神《みくらいたあげのかみ》「伊豆能売神《いずのめのかみ》」を祀り、「加良比乃神社《からひのじんじゃ》」と称しました。他の祭神は、天照大神他十七柱。

15. 神山《こうやま》神社（三重県松阪市山添）

第十一代垂仁《すいにん》天皇の御代、天照大神の御杖代《みつえしろ》として倭姫命《やまとひめのみこと》は、皇大神に相応しい遷座の地を求めてこの地に御遷幸され「飯野高宮《いいのたかみや》」を造営されました。そして、四ヶ年の間この宮に御鎮座なされました。

天照大神の旧蹟として、山添大明神とも白髪大明神、鑰取明神《かぎとりみょうじん》ともいわれています。

祭神は、猿田彦命、天之宇受女命《あめのうずめのみこと》。

16. 磯《いそ》神社（三重県伊勢市磯町字権現前）

第十一代垂仁《すいにん》天皇二十五年三月に、倭姫命《やまとひめのみこと》が天照大神を奉じてこの地に留まられたとき、そこを「伊蘇宮《いそみや》」と称して創建されました。

皇大神が宇治の五十鈴川の畔に御鎮座なされた後、「伊蘇宮」を磯神社と称し、広く人々の信仰を集めました。

そして、時代は定かではありませんが、宮川の氾濫により本来の場所から近くの権現林に移されたとされています。

なお、近くの字・下条には神宮大宮司・大中臣公宗（在任　二四一～一一五三年）邸跡、宇袴田（うこうだ）には南朝祠宮で外宮長官であった、宮後朝棟（在任一三三九～一三四一年）邸跡などがあります。

祭神は、本殿に天照大神、相殿に豊受毘売神《とようけひめのかみ》、木花佐久夜毘売神《このはなさくやひめのかみ》、脇殿に宇都志国玉神、菊理姫神《くくりひめのかみ》、大山津見神。

＊椿大神社《つばきおおかみやしろ》（三重県鈴鹿市山本町）

鈴鹿山系の中央に位置する高山（入道ヶ嶽：標高906・1m）・短山《ひきやま》（椿ヶ嶽）に、太古の昔より祭祀されていた「猿田彦大神」を、第十一代垂《すい》仁《にん》天皇二十七年、紀元前三年八月に、「倭姫命」の御神託により、大神御陵（土公神陵：前方後円墳で参道脇にある）の前方の「御船磐座《みふねいわくら》」附近に瓊々《にに》杵命《ぎのみこと》、栲幡千々姫命《たくはたちぢひめのみこと》（御母君）を相殿《あいどの》として社殿を造営し奉斎された神社です。

さらに、別宮に天之宇受女命《あめのうずめのみこと》（大宮能売神の妃）、前座に行満大明神《ぎょうまんだいみょうじん》があります。

社名の由来は、第十六代仁徳《にんとく》天皇の御霊夢により『椿』の字をもって社名とされました。全国に二千余の猿田彦大神を祀る本宮です。

＊御船磐座………瓊々杵命が御船でここに到着したとされる場所です。

＊行満大明神……修験神道の元祖として、本宮本殿内前座に祀られ、「役行者」を導き古来「行の神」として、神人帰一の修行・学業・事業・目的達成守導のあらたかな神として古くから尊信されています。

＊獅子舞神事……天平十一年（七三九年）に、第四十五代聖武《しょうむ》天皇は、吉備真備に勅願し『大神御神面』と『獅子頭一頭』を彫らせ奉納されました。この事により、獅子神による祈祷神事は、千三百年間絶える事無く現在も継承され全国の獅子舞の宗家として知られる日本最古の獅子舞です。

著者プロフィール
林 佐多哲（はやし さだあき）
1963年生まれ、岐阜県大垣市出身。
中央大学法学部卒業。
古代、天照大神を倭姫命が笠縫の邑から現在の伊勢神宮まで遷した際に途中たち寄られたであろう場所を調査し検証。

元伊勢巡幸倭姫命世紀20XX

2013年 4 月15日 初版第 1 刷発行
2022年12月25日 初版第 2 刷発行

著 者 林 佐多哲
発行者 瓜谷 綱延
発行所 株式会社文芸社
〒160-0022 東京都新宿区新宿1－10－1
電話 03-5369-3060（代表）
03-5369-2299（販売）

印 刷 株式会社文芸社
製本所 株式会社MOTOMURA

ISBN978-4-286-13053-8